martin bullinger

# einblicke in eine liebesgeschichte und drei,vier romane

**martin bullinger**

**geruch der liebe.**
**einblicke in eine liebesgeschichte und drei,vier romane**





16er Reihe

**axel dielmann — verlag**
Kommanditgesellschaft in Frankfurt am Main

## im kino.

wir sitzen in einer der vorderen reihen. sie hockt gerne knapp unter der leinwand. die roten fingernägel ihrer rechten ruhen auf der stirn des nach hinten gelegten kopfes. augen, schwarz, leicht bepudert, ein wenig ruß. tiefe nußbaumbraune verschwiegenheit. die lange zeit sacht an die wangenhaut gelegten kuppen der linken umkreisen jetzt das ohr wie chitingepanzerte schildläuse, feurig-glänzend. etwas in ihr hält sehr gekonnt die balance zwischen diva und mädchen (letzteres grinst verschmitzt im haus *sporndorfer allee 57* aus dem spalt zwischen zarge und kassettentüre). das licht wird heruntergefahren. werbung, musik, kurzstreifen, die auf die zukunft verweisen. der dann einsetzende film interessiert uns nicht. wir geraten in ein gespräch über körperhygiene. ich weiß nicht, wie es kommen konnte (mit den auf uns herabrieselnden bildern kann es kaum zusammenhängen); sie spreizt ihre hochgelegten beine weit auseinander, *zwei* der sesselrückenlehnen vor uns beanspruchend, zieht meinen kopf tief zu sich hinab und erklärt, mit der rechten über den spann hin- und her-

Thomas Wiederspahn

Nachgefragt wurde die männliche Perspektive.

tippend: "was denkst du, wie oft ich mich hier einsabbere: hier, hier. manchmal läuft es auf beiden seiten runter." ich sehe im dämmrigen nur ihre schenkel und die zart-dunkle schattenlinie, die der ins fleisch greifende gummi entlang der grenze zur ohnmacht aufwirft. über weißes frotté huschen bunte schlieren. das leicht gewölbte kauert unterm stoff.

aus: *kotytto.*, frankfurt am main 2006

Nachgefragt wurde die männliche Perspektive.

Aber der mensch zerfällt in zwei Teile, wenigstens solange es ihm nicht gelingt, die Hingabe selbst zu manifestieren, deren Empfindung er sich deshalb gerne beim anderen Geschlecht erborgen möchte. "Fick mich!", bleibt auch weiterhin das dem Weiblichen abgepreßte Geständnis, damit die kontrollierte Distanz des männlichen Selbstdarstellers unbeschadet bleibt. Was sucht er

## "guck'mal, der floh!"

ich wende meinen kopf zur seite, ihr zu. sie unterbricht sich, dreht gleichfalls leicht den oberkörper in der hüfte, blickt über die schulter. wie eine kralle schlägt mir ein farnwedel-tatoo entgegen. am rand des rechten schulterblattes. knapp außerhalb des schmalen, giftgrünen trägerchens ihres neonshirts, eines superkurzen tops. blaugraues in bronzebrauner haut. im rhythmus des herzschlags zuckt die bauchdecke. den kleinen vulkankegel ihres nabels säumen schimmernde härchen. eine kleine metallspange wurde flach durch die haut getrieben. winzige knöpfe blinken am rande des abgrunds. im rhythmus des atems hebt und senkt sich das plateau. wind liegt im leicht bogenförmig gekräuselten flaum, im seidig goldenen, dem nachhall unzähliger sonnenbankdelirien. glätte zwischen den poren, zwischen den spitzen grünbrauner seggegräser, gleichährige mit borstlichen blättchen, dem saum des meeres verschrieben, flirrend über dem dünensand, ins irgendwo gespannt, zwischen die ausläufer, salzsümpfe und wattwiesen vereinend. die sehnsucht nach leeren buchten

in ihren Augen? Das Spiegelbild der eigenen Wollust? Oder handelt es sich vielleicht bloß um eine Überprüfung der Wirkungsmächtigkeit eines Reibungsvorgangs, erzeugt von einer Art fleischigem Hubkolben?

Aber sie (f./m./pl.) haben das alles natürlich längst durchschaut? Und fordern nun von ihrem Partner (m./f.) wie Lydia Lunch bei ihrem letzten Konzert in Frankfurt, daß die Serien von "use-

bleibt. das, was du willst, ist genau nicht das; klar, wenn du bockig wirst, nur rumzickst, ist der gleich weg. der ist wie die pygmäen, die wir letztens in ethno hatten: raus in den busch, konfliktbewältigung durch abhauen. die sind auch immer im kongobecken verschwunden, bei jedem knatsch.

laut der küppner.

eben. sie lachen. komische vögel.

jungs sind aberwitzig-komische vögel. das würde bedeuten, daß ich jetzt einen anderen will, nicht, das meinst du? ich will auf alle fälle einen richtigen, mit dem ich kinder haben kann. je unreflektierter ihre bemerkungen dahergestreunt kommen, desto sonnenklarer tritt zutage, daß die kuhäugige dem tätowierten engel nie und nimmer gewachsen ist. deine art zu denken. wenn du unbedingt eine bindung willst, eine richtige.

das kommt irgendwann, bloß wann? ich schätze vieles an ihm, obwohl floh...

mama!!

ich bin hier. ist das nicht der kleine unserer englischlehrerin!?

less fucks" – und hiermit sind alle kriegerischen Aktionen gemeint – erst dann ans Ende gelangen, wenn auch er ihr manchmal seinen Arsch hinhielte, tief hinuntergebeugt über den weißen Badewannenrand, die Hose in den Kniekehlen in Erwartung der zärtlich-versagenden-liebenden-strafenden Stöße oder Schläge?

naund. der knirps hantiert am blumengitter. der raum füllt sich. die plastiktüte stinkt superpenetrant nach drogeriemarkt, vernehme ich vom nebentisch. dann sie: hast du jetzt endlich eine hose für die abschlußfeier gefunden?

alles zu groß. im *kitkit* wurde gestern auf der bühne gevögelt. spinnst. doch! die drei von *six sleep-walkers* aus florida. die rapper!? klar,du, *diiie* hatten geile tänzerinnen. maamaa!! hör auf rumzukeifen.

maamaa! zetert der stöpsel, unbeeindruckt, siegessicher, und steigt noch eine sprosse in der trennwand höher. irgendwo aus dem hintergrund schießt birgit rühle herbei. die englische. von der tarantel gestochen.

könnte neben sprachen gut sport geben. gelächter.

warst du dort? natürlich. zuerst waren sie nur solasziv, so tabledancemäßig.

jonas meint, die waren nackt. ach,was! klar, üppig wars nicht: so streifen.

nur zwischen den pobacken. eine ganze reihe ausgeflippt, haben getobt, nichtzuglauben. leute auf die bühne... gezerrt? habichgehört.

nichalles mitbekommen. zumindest *einem* haben sie die

Nein? Im Gegenteil, ihnen (f./m./pl.) scheint angesichts solcher Vorkommnisse doch ein wenig mehr Kontrolle angebracht, zumindest seit Eva er-liest-die-Bibel-ermaßen Schuld ist? Oral, anal, fatal?

Schließlich hatte sie ja ihn verführt. Und was hatte letztlich er davon? Den späteren Rausschmiß! A propos. Was hatte er gleich noch getan. Wodurch hält sich eigentlich bis zum heuti-

hose runtergezogen. ordentlichwas abgegangen. vonner tänzerin. hat ihn gebumst? sicherdoch.

passend zu den texten.

hast du was gesehen? stefanie. ich?nee. sexistische texte, schon. die habich mitbekommen. zum teil jedenfalls. trotz gekreische. nur hin und hergeflogen. wahnsinnsrempelei. stefanie? bah, die war links vorne, an der wand zum back-stagebereich, in der nähe des notausgangs. meint, haben sich total freigelegt. gegenseitig. von den jungs sind welche...

habichauch gehört. einfach an die mösen. ja, den tänzerinnen einfach an die mösen. ungeniert.

jaja,habich auch. nee,du.

nein, eine vom ohm-gymnasium. aus haunstein? ja. oder? nee, kiesling. soll hinter der bühne... nee?! doch.

nee!? von einem der us-rapper. *sleep-walkers.*

vergewaltigt?? scheiße, sonescheiße! können wir nicht dalang gehn? heij, leute, wer hat denn dashier angefressen? sieht grausam aus. abi, du?

niemand hatwas mitbekommen, sagt stefanie.

wen wunderts, ulkt ein junger kerl, eingebunden in die aufgepeitschte gruppe ein paar tische weiter.

gen Tag sein Nimbus, der Mann sei einer der Tat? Er, der doch wenig mehr zustande brachte, als seines eigenen Schöpfers Verbot zu mißachten.

Schuld. Schuld. Schuld. Gefühl.

Und was hat das alles: verdammtes Sperma! (Warum soll immer die Sch...e büßen) – mit Martin Bullingers Texten zu tun?

liegt nur an deiner stimmung, echt, ob klamotten zusammenpassen oder nicht. gehrunter, gehrunter. die rühle löst die den gitterstab umklammernden fingerchen und hebt ihren sprößling auf den boden. was hast du vorhin gesagt: kindlich?

ja, seltsam kindlich, total. dabei blickt sie schräg in die luft über den nach hinten geworfenen kopf ihrer gesprächspartnerin hinweg.

was heißt seltsam? für *dich* muß einer erst geboren werden.

jola, werde nicht albern. eijh,*jola;* knallhart! ihr name! es war ein fehler, mitten in der oberstufe ein halbes jahr von der schule abzugehen, ein brutaler fehler. dazu am siebzehnten geburtstag ausziehen. wie das deine eltern akzeptiert haben.

mit ihm zusammen? war ehklar.

daß es dein vater erlaubt hat. sie zieht ihre augenbrauen hoch, atmet aus. dabei kanntet ihr euch wirklich nicht.

aberdu, du kennst bruno, ja? bilddir doch nichts ein.

ich war die erste. aah, meinst du, floh hat mich nur bedient, wenn er in der *milchbar* sein taschengeld aufbes-

Sie (n./pl.) lassen uns teilhaben an der polymorphen Verfaßtheit einer Sprachfigur, die uns so nahe tritt, daß sie ich (f./m.) heißt und im Kaleidoskop der Perspektiven doch niemals festen Boden unter den Füßen gewinnt. Das Begehren wird sichtbar durch Flüssigkeiten, die an die Oberfläche treten und an ihr haften, durch Gerüche, durch Arme, Beine und Münder, die sich berühren und vielleicht sogar in dieser Umarmung verschmelzen.

serte? meinstdu? heij. also, du allein weißt, was er mixt, wie er auflegt... ich habihn... nurduu? täuschdichnich.

was?erzähl! die rosablaue eichel seines lollis, war ich ausgefüllt! draußen: donnergrollen. in der ferne: blitzschlag. wieder donner, kanonenartig. es beginnt nach angekohltem holz, heide- oder blaubeerenkraut, auch torf, zu brenzeln. gierig sauge ich an seinem pimmel, warte, scharf, mit geschlossenen augen, auf das pulsen des blutes. stoß für stoß. unterm regengetrommel. im gedämpften licht. steif hämmert das glied meine lippen. ein hauch streicht durch das haar. irgendwo an der blockhüttenwand fuchtelt der schatten seiner kniee, dunkel, die kontur eines krähenflügels umkreisend. umkreisend. umkreisend. oder einen rehbockkopf. im einfachen, glattpolierten bilderrahmen, in der laibung des fensters: schatten. meine hände in seinem po. ein zweig, knacken. der kitt in der beuge zwischen glas und holz: aufgeworfen. ein knirren? irgendwo draußen im längst mondbleichen licht. ein pfiff gellt. nein, bin da nicht angestellt, arbeite aushilfsweise.

wo?

städtische bühnen. weil du dich am anfang nur durch-

Doch die Oberfläche dieser Sprachwelt erreicht ihre Existenz nicht durch die Berührung, sondern durch das Wort, das sie in der Beschreibung erfaßt. Mit unsichtbaren Tentakeln trägt es alles bis dicht vor das weit geöffnete, gefräßige innere Auge und überantwortet es dessen sezierendem Blick. Was wir als literarischen Text zurückerhalten, wurde an den Schnittkanten wieder so fein zusammengefügt, daß ein Kontinuum entsteht, welches Differenzierungen einebnet, die dem

schlagen tust, total frustig, ohneende. schweinehund. das endlose rumoren einer verkehrsmaschine jenseits der wolkendecke. der wind schärft wütend die gebäudekante. links oberhalb der schulter des gänzlich überrumpelten. im tal das letzte dröhnen eines holzrückefahrzeugs, oder die wieder einsetzende seilwinde der waldarbeiter, die uns beim aufsteigen durch die herabgeklappten gitter ihrer gesichtsschutzschilde freundlich musterten. war ganz schön erschrocken, als ich das letzte mal gerannt bin. wieso?

die zeit. jetzt im frühling hast du garnix drauf. echt?

klar, siebzehn minuten, allerdingsne ziemliche quälerei, gebichzu. wennichlauf, laufe ich unten hinten, weißtdu, querda, bis zum bambach, noch ein stück runter. und dann hintenrum, ganzhintenrum. die uns freundlich musterten, bis auf den alten, der unter dem visier hervor in den wurmfarn spuckte. meine leidenschaft, die verliebtheit ahnend? oder den sich zusammenbrauenden regen? irgendwo im auslaufenden abhang des rocca de giorgi der fernzug richtung verona. die sich entfernenden wagen erinnern an meeresbrausen.

hier findet uns niemand. er jedoch ist starr vor angst und

Urteilsvermögen noch zuvor zum Erhalt einer stabilen Psyche unverzichtbar schienen. Zwischen dem Ich und dem anderen, zwischen den Geschlechtern ebenso wie zwischen Zeitebenen, zwischen Sinneswahrnehmung und Reflexion.

Und wenn dann auch noch alles klein geschrieben wird, oh heilloser, endloser Text, dann werden der Anfang und das Ende zu Punkten irgendwo auf einer lebendigen Geraden. Wie die

unerfahrenheit. bis seine beine zittern, sanft, unmerklich. ich liebe die wärme der schenkel, des schmalen, langgestreckten körpers, seine fiebrig geschlossenen augenlider, die traumlose bewegung, seine helle haut. vielleicht ist es gemein, ihn zu benutzen, aber ich tue es gerne. er ist sanftmütig, ein kasper (hat es selbst beteuert: schutzschild *kasper)*. er fand es geil, fand mich geil: abhauen? vollcool!

und?

wie?

was?

wie geht es dir heute? in der woche wars grad in ordnung. bloß vorgestern: hab den trewes aufem arm und stelle mir prompt das stuhlbein auf die zehen. ist jetzt nicht gerade angenehm beim trainieren. er kann meine direktheit – auch sich selbst – kaum einschätzen. er muß sich endlichmal erleben! dabei drücke ich ihn tiefer in die mäntel und klamotten, die wir zusammensuchten, auf einen haufen warfen. er stöhnt, stöhnt. geil-flaumige minimalisticwelle,duu, mit deinen klitzelittlekleinen traubenmistelklooten, wirst mich nie mehr vergessen, den nachmittag, die hütte. er stöhnt, stöhnt, blind im griff meiner hände, fin-

Pulsfrequenz beim Elektrokardiogramm – von links nach rechts –, bis sie irgendwann, ohne Vorwarnung, abbricht.

Das Sichtbare ist von uns geschieden, ist außer uns und ohne uns. In die Materie können wir nicht eindringen, uns nicht mit ihr vermischen – und gehören ihr doch an. Sobald sich die Körper der Liebenden wieder voneinander lösen, verabschiedet sich ihre Illusion der Verschmelzung im

ger, meines zungenspitzenspiels: geflammte brust, insekt,du, zerkraultes tigerfell.

tortellini mit gorgonzola?

drüben, der nachbartisch,da. halloo, bitte! ich hätte gerne ein wasser. genieße die flucht, den vom regen verordneten halt, die zärtlichkeit der lippen, entlang der schenkel, um die eier, das fauchen, grapschen, kneifen, das streichen und in die rippen fassen. schamvoller. du bist so unbedarft; nicht, er war saumäßig unbedarft. süßer, kooomm, schaukelmithoch. hundegebell, männliche stimmen? jäger?

es kommt jemand! er wirft sich herum, entzieht sich. den alten lodenmantel drückt er zwischen unsere körper, springt blitzschnell auf, zerrt die jeans hoch, die sich für einen augenblick im schritt ausbeult. bruno, da ist nichts.

doch, laß uns umkehren. die kommen direkt hierher.

zurück in die pension? bruno, machkeinquatsch! ich tobe. er sperrt: du bist mir zu wild. der lack auf dem alten holzfensterladen ist dick aufgetragen. er wirkt wie glänzende, eingeölte elefantenhaut, grünblau, metallisches käfergrünblau, horn, chitin zitierend. oberhalb des fensters ist in die wand eine dünne, wenige zentimeter dicke,

gleichen Maß wie ihre distinkten Merkmale erneut hervortreten. Aufgelauert von Martin Bullinger, der sich keines entgehen läßt, und oft noch das kleinste Detail unbarmherzig notiert.

Immer kurz vorm Paradies, doch wir gelangen nicht wieder hinein.

"laß dir bloß keine rührung anmerken – und versuche das flattern meines herzens zu verbergen, auch nicht die eingefallenen wangen, sie sieht dich zum glück nicht! sie bekommt nicht

schmale natursteinplatte eingelassen, die die taubenscheiße von der sohlbank fernhalten soll, jedoch nicht verhindern konnte, daß sie über die jahre hin durch den angetrockneten kot zur kuriosesten muschel- und schneckenbank verkam. dann wollte sie unbedingt einen gummi kaufen.

für ihre hose?

natürlich, was denkst du denn. nehmt sie nicht so ernst.

es ist meine mutter, die muß ich ernstnehmen. wenn es hier vor euch gewesen wär, ichwär ausgeflippt. einen gummi? an einem der anderen seitenfenster besteht die abdeckung aus ziegeln, die – schräg und leicht ellipsenbogenförmig in den verputz eingemauert – einen dünnen kalk- und mörtelüberzug unter der kacke aufscheinen lassen. der über die jahrzehnte hin an der stirnseite herabgeflossene, erstarrte kot schuf eine archivolte, ein schwarzweißes schmuckfries edelster feinheit, an mauerbögen in murano oder venedig erinnernd. in die halb herangezogenen brettläden sind – jeweils im untersten viertel – griffe geschraubt, links aus einfachem, dickem draht, rechts aus schmalem metallband gestanzt und zurechtgeformt. auch sie dick mit lack überzogen. in der nähe der linken kante

mit, wie ich stehen bleibe – salzsäulenstarr... in rasendem tempo, erfolg mißerfolg, die flut ihrer verwünschungen durchlaufend – und auf die klingelknöpfe stiere, wie ich wutlos mich umwende, das ziehen und drücken in der linken brusthälfte im gehen etwas wegzumassieren versuche, die rippenzwischenräume unter der achsel und dem festen brustmuskel streiche, und geknickt über die bodenplatte mich ins leere trolle."

läuft ein eisengestänge den gesamten laden hoch, unten und oben in schürhaken-ähnliche krallen ausgebogen. die vorrichtung dient zur verriegelung und arretierung der flügel. alles ist alt, doch frisch gestrichen, wieder und wieder (hatte die fenster und ihre umgebung noch bis vor wenigen sekunden entsprechend in erinnerung). jeder laden ist vertikal nach dem ersten drittel der fläche mittels scharniere wegklappbar, so daß er um das gewände herum an die außenmauer der pension gelehnt werden kann, dort dann mit griff und gestänge wie ein schmuckrechteck die öffnung rahmt. ich weiß es gar nicht genau, weiß nur, daß ich an muskelmasse zunehme; ich wiege mich ja nie.

nie?

nurzuhause. olala! zwei kilo drüber. die proportionen der länge und breite, der abklappbaren zur nicht abklappbaren teilfläche sind wohlausgewogen. dies ist es, was hier gut tut. jetzt erneut. auch meine eltern sprachen ständig davon, sooft wir bei dottore piselli – oder ein paar kilometer weiter in venedig oder padua – unsere sommerurlaubswochen verbrachten. im zimmer unter uns werden seit einer halben stunde unentwegt holzstühle und betten über den ter-

Ach könnte doch die "rosablaue eichel" sprechen, wäre eine Hubble-Sonde zur Introspektion ihres Körpers. Sende uns Bilder, erzähle uns von den unendlichen Weiten des anderen Universums! Sind wir (m./pl.) denn wirklich ganz alleine im All(n.)?

Stille. Die Bilder, die uns Martin Bullinger schließlich sendet, haften dann oft an ganz anderen Materialien. Einfühlsame Landschaftsbeschreibungen wechseln sich ab mit Innenansichten

razzoboden gerückt, wiederkehr krächzender, jammernder klagelaute, der dirigierenden hand der putzfrau folgend, die während der arbeit dem frisch abgereisten gast nachsinnt. aus dem jenseits, unserem vorderhaus, stimmengewölk. ab und an energisch durch flure eilende stöckelschuhe. schlagende türen. morgenverrichtungen aller art. bis in die feinsten verästelungen ist mir das gebäude seit früher kindheit vertraut. in den letzten jahren kaum geld gehabt; sie haben meine halbwaisenrente eingestellt, voll auf halbnull.

kommt an euren tisch dies riesengetränk?

klein wär schonmal untertrieben. plötzlich merke ich: das glas reicht. egal, jetzt ist jetzt. im vormittagslicht studiere ich, noch vollkommen übermüdet, die ausblauenden fenstergewände des anbaus, der unser zimmer beherbergt. mit neuen augen. frisch geboren. viel sanfter. dank bruno, dem zicklein. offensichtlich hält sich der grünbläulich-violette ton auf der sonnenseite nicht.

was ist los? was suchst du?

hier rechts siehst du, daß keine sonne hinkommt.

wie? sie verwenden kein lichtechtes pigment. vor einer sekunde hätte ich noch schwören können, daß sämtliche fen-

von Städten, deren Namen er nicht nennt, wohl aber die ihrer Straßen, Brücken und Plätze. Auch dem Leser erscheinen einzelne Häuser, Wiesen oder Täler sofort sehr vertraut, denn der Autor sieht und hört sehr präzise, wo wir wohnen, wo wir zuhause sind.

Die Liebeslust und der Liebesschmerz sind demgegenüber flüchtig, beinahe unwirklich.

Die Historie behält eben nicht Gefühle zurück, sondern Ruinen.

ster jahr für jahr neu gestrichen wurden. floh staunt. meine hand kreiselt über die schulterblätter des eingeführten, nur-mir-gehörigen, hörigen. der ansonsten klare blick des jungen, momenthaft hohl, verschwindet für sekunden unter dem spiegel der brillengläser. in der handfläche die blutwarme haut seines pos. drunten im dorf kirchenglocken, zuerst ein glöckchen, zaghaft die stunden anmahnend, dann im chor mächtigen metalls: die herausforderung des frühgebets.

wir geben uns einen ruck. wir frühstücken im innenhof an einfachen gartentischen. unbeschwert spricht er vom goldton in meinem haar, dem lehmgrau meiner augen, dem schwung der brauen. ein ahornblatt – bergahorn – huscht über den kies, nein, es huscht nicht, ruckelt, erinnert an eine maus, zärtlich trippelnd, nach links, rechts. tänzeln. während meine fingerspitzen auf seine mir entgegengestreckten fingerkuppen pinken und die zurückliegende nacht beschwören.

faßdauben und feuchte bottiche. radiogesang, marktgeräusche, und klapperndes geschirr. wir verlieren uns. wir finden uns. eine wimper zwischen weißbrotkrümeln wird zum indiz. ein stehengebliebener blick. ein abtasten der

Möglicherweise ist gerade dies aber auch der Grund für einen so extensiven Einsatz der Sprache. Genauer zu sein als das Vergessen. Nicht die Zeit, sondern die Metamorphose scheinbar flüchtiger Augenblicke in Text soll die Wunden heilen.

Gespräche, Erinnerungen, Gesten, Anblicke, Ausblicke, Empfindungen gelangen erst in der Beschreibung zur vorübergehenden Ruhe. Alles gehört dann zusammen, ist ein transparentes Knäuel.

handflächen. küsse, die nicht sind, aber sein könnten. küsse. küsseüberküsse. der schimmer unserer lippen. der mittagskellner, ein schmächtiger, betagter herr drängt. erneut das bimmeln des glöckchens, dünn, verloren. zwischen den steinernen hängen der widerhall. asparagi, quindici mila, pomodori. aber am stärksten, allerstärksten war der süße malzduft im innern seines schmalen hintern. clara-offa glotzt. eines morgens, mannomann! hat aber gedauert, sagichdir. ihr mund steht offen. das kinn flieht.

du?*du* warst diese zwei wochen mit ihm weg, stammelt sie.

nun.

als ihn alle suchten, die halbe klasse. ich nicke, verschmitzt meinen sieg genießend.

ich dachte, du warst mit deiner schwester in florida?

magic of passion! co.co kocht. nicht die spur silberner augenaufschlag, nein, stiere augen, irrsinnig aufgebracht. sie plärrt: beweis es mir.

wie meinst du das?

wie ich es gesagt habe.

aus: *lampretto.*, roman, frankfurt am main 2001

"störungen im sexuellen bereich? woher weiß sie davon, sie kennt mich überhaupt nicht. wir sehen uns heute zum ersten mal. ich lag noch nie vorher neben ihr, neben dieser, dieser frau, noch kein einziges mal starrte ich auf die tonkrüge dort oben hinter dem schnitzwerk des schranks."

Die scheinbar disparaten Teile stehen gleichberechtigt nebeneinander, und das Ganze wird erst

## **dieselbe geschichte.**

vielleicht geht es einzig darum, dieselbe geschichte erneut aufzuzeichnen. die geschichte des leeren zimmers, die geschichte der dahockenden frau im sonnenlicht, die geschichte des gartens, der bar. oder: immer und immer wieder die geschichte jener nacht, der kranken, meiner freundin, deren adern du auf den gliedmaßen sahst, deren wirbelsäule scharf aus dem rücken hervorstach, deren dürre arme abstoßend und ekelerregend ihn umschlangen, sich eingruben in den körper, ihn erdrückten. der widerhall in den beckenknochen, ein hohles scheppern (die futonunterlage), ihr fliegendes herz. er steuert durch die blaugraue finsternis, eine senfgelb durchschnittene dunkelheit. die scheinwerfer des wagens huschen in den kurven über die grasstoppeln der böschung. seine arbeitshose auf dem beifahrersitz muffelt nach gerösteten nüssen oder mandeln, nach verbrannten nüssen, und rauch. in den dörfern nehmen ihn die hellen fensterkreuze der häuser ins visier.

der triumphzug der dinge, des greifbaren.

ich liege da. licht liegt in ihrem haar. ich kenne sie nicht.

in dem Moment erkennbar, wenn die unaufhörliche Verwandlung von Lebenszeit in Literatur an ihr natürliches Ende gelangt. Das letzte Wort auf der letzten Seite ist ein Exitus.

Die Einblicke, die uns Martin Bullinger (m.) in den "gerüchen der liebe" gewährt, variieren in ihren Darstellungen das ewige Thema. Dabei gelingt es ihm, einer Vulgarität der nackten Leiber zu ihrem Recht zu verhelfen, ohne daß seine Geschichten deshalb glaubten, "es häufiger tun zu müssen."

sie sprach mich an. sie kam in der bar auf mich zu und fragte, ob ich nicht mitkommen möchte. ich überlegte... hatte für mein empfinden heute schon genug erlebt und einen guten single malt im glas.

sie fragt klar, etwas unsicher; doch dieses *etwas unsicher* kommt sicherer daher, als man vermuten möchte. es trägt nichts gefährdendes in sich, eher vorsicht, ein abtasten des bodens. ich lehne am holzholm der barwand und überlege. für eine sekunde muß ich an meinen vater denken, der seit 43 jahren tot ist, der mir ab und an fehlt. ich sehe ihn, wie er in einem der für ihn typischen anzüge auf der ausladenden steintreppe vor unserem haus steht, stolz, glücklich, ohne gewissensbisse, seine schmerzen ignorierend, seine frau, seine kinder im sinn, die weste straff, die geschichte spiegelnd, die zeit.

er fehlt mir. ich werde es mir jedoch nicht eingestehen.

nie habe ich einen perfekter sitzenden anzug gesehen. "ralf celery lutschen war kein ersatz?"

ersatz?washeißt*ersatz*? ersatz für den vater!? ralf celerys augen, ein taubenschwarm, der das durch die wolken brechende sonnenbündel umkreist. es waren die mücken-

Ihre Schilderung vom Sex (m.) lauscht dem schonungslosen Gespräch zweier Freundinnen und ihr Theorem von der Liebe besteht im einsamen Nachklang aller Praktiken, die auf Verständigung abzielen.

Lustschreie in einer nächtlichen Straße, wem gehören sie?

schwärme im wasserspiegel der lautner, die *ihn, meine kindheit,* eine floßfahrt zurückholten.

ihr haar schimmert. ihr kinn wippt. ein kleiner ansatz eines doppelkinns, ein nachdenkliches kinn. sie schaut mich an und wartet. ich blicke in ihre pusteln. ich blicke durch sie hindurch, über die straße, ins fenster des kleinen ausstellungsraums, 'melonen' denkend, und sage:

"ich habe im moment sehr wenig zeit. ich bin nur drei, vier tage im land." sie antwortet nichts, sondern bleibt stehen. "wann?" frage ich... ... etliche male fallen mir die augen zu. sie akzeptiert es. sie läßt mich schlafen. sie schaut mich an. ihre augen arbeiten weiter. ich spüre eine große ruhe in ihrer nähe und erhole mich. ich spüre: ihre wangen blähen sich leicht auf. ich stehe unter dem bann ihrer umsicht. dies ist es. es entzieht mir hier zum ersten mal den boden.

in ihrem wesen liegt etwas von einer sanften grundschullehrerin, auch etwas souverän-staatsmännisches, eine um zustimmung besorgte zurückhaltung.

der abend wurde zum zweikampf.

Sabine Rothemann

meine blicke sollen sie herausfordern. ich will es so. ich will, daß sie mich hemmungslos will. *rücksichtslosigkeit* will ich, nichts melancholisches, nichts kränkliches. "ist meine herausforderung, meine stänkerei eine zumutung für diese sanfte frau?" "nicht mehr als deine sonstigen blößen." als sie mir gesteht, daß sie zum kochen zu aufgeregt, zu nervös sei, triumphiere ich, schlucke trocken und werde ruhiger. wir werfen uns hungrig auf ihre matratze.

wir reden über unsere vergangenheiten. die glocke der nahen kathedrale schlägt in abständen. in abständen hallen schritte von der fernen august-oelen-promenade hoch, oder es sickert das leise quieksende schwingen des über die lautner führenden holzstegs *an der bleiche* herein.

sie fragt mich aus.

"beseitigen sie die brüche", sagt sie unvermittelt. erstaunt hebe ich den kopf und blicke ihr in die augen. damit die müdigkeit nicht weiter raum gewinnt, damit wir uns näher kommen, *da* sind, richte ich mich gänzlich auf, beuge mich über sie, zupple an ihrem kleid, der bluse, den strümpfen, denke an ihre brüste, ihren bauch, aufgerissene augen. "oder an einen offenen mund?"

Sind das Geschichten, die da erzählt werden? Wenn ja – was nicht sogleich offenbar wird – so ist das Erzählen dieser hier versammelten Geschichten außergewöhnlich. Martin Bullingers Geschichten geben Einblicke in das große Geschichtenerzählen-wollen von der Liebe. Ein Bedürfnis, das so alt ist, wie die Menschen es sind, und das, solange gelebt, erzählt, geschrieben und gelesen wird, bestehen bleibt. Aber diese Literaturstücke, eine kurze Liebesgeschichte

"nichts stimmt."

vielleicht ist es die letzte spur meines hochmuts, sehr irdische ausfluchten.

es stellen sich lediglich die bekannten bilder ein. ich bekomme meine müdigkeit nicht in den griff. "ihre hektischen überlegungen und gedankensprünge stören. dergleichen bringt nichts, nichts, glauben sie mir. dieser ständige wunsch nach *ferne, stille, verschwinden.*" und: "sie sind störrisch. sie werden mir nicht glauben, alle ethnologen sind umtriebig, störrisch und werden von unkontrollierten obsessionen heimgesucht." wie? sagte sie 'störungen im sexuellen bereich'? woher weiß sie davon, sie kennt mich überhaupt nicht. wir sehen uns heute zum ersten mal. ich lag noch nie vorher neben ihr, neben dieser,dieser frau, noch kein einziges mal starrte ich auf die tonkrüge dort oben hinter dem schnitzwerk des schranks.

aus: *bussard. / die sandberg.* zwei kurze liebesgeschichten, frankfurt 1998

und vier Romane genannt, sind die zerschnittenen Teile eines bloß noch imaginären Ganzen, das wenn es überhaupt jemals jemandem überzeugend schien, in allen seinen Facetten von Zuneigung, vom Gleichklang der Seelen, vom innigen Teilhaben am anderen bis hin zu den einzigen überlebensermöglichenden Kategorien – Verantwortung und Pflicht – imaginär bleiben muß. Aus diesen Geschichten scheint das Ideal von der Liebe mit seiner Kehrseite, den Abgründen

## sporndorfer allee.

an der einmündung der holprigen muntpratstraße in die sporndorfer allee hat der obsthändler hüsam eyüb neben der hausnummer 57 sein kistenmeer vor dem blinden ladenschaufenster aufgebockt, dazwischen wie segel einzeln aus den gemüsewellen hervorstechende, emporragende schachteln. die strauchtomaten sehen heute ausnahmslos saftig und frisch aus, seine paprikaschoten dagegen – wie immer – verrunzelt, eingefallen.

ich grüße ihn, und etwas verhaltener 'das töchterchen' ute, das an den abfalltonnen hantiert, eine gesellin oder gespielin (oder hilfe) mavis ocón daos, der platinblauen aus dem zweiten stock. ein schwung ihres süß-strengen parfums trifft mich exakt in dem augenblick, als sich eine wolke vor die sonne schiebt. es wird kühler, die luft undurchdringlich dicht. kälte, die mir in die schenkel greift. ich trete durch das verrostete gartentor des nachbarhauses, 'unseres hauses', dem ehemaligen ganz verhaftet, dem seinerzeitigen ankommen abends, dem tagtäglichen weggehen morgens, der konstanz der nahen krankenhauslaute gewiß.

des abendländischen Romantizismus, durch das mal grob, mal feinmaschige Netz hindurch, das sich aus Redeläufen, Slangwortketten und Erzählgewinden zwischen zwei Körpern spinnt. Was bei der Liebe auf dem Spiel steht, das weiß der, der kein anderes Wort als "Liebe" findet; an einem Punkt, wo das Wort ganz ein Gefühl ist und das Fühlen kein anderes Wort mehr weiß. Davon aber ist in Martin Bullingers Geschichten nur noch ein Hauch zu spüren. Seine

"etwas genauer."

sirenen und geschirr.

zwischen verwilderten rosensträuchern und einer grasigen rabatte mit einzelnen purpurglöckchen prunkt die neue briefkastenanlage aus eloxiertem aluminium und weißblech. zögernd steige ich die stufen empor, zögernd klingle ich bei *sandberg*.

"ich habe jetzt keine zeit", plärrt rufia barsch. fassungslos starre ich auf das schwarze plastikgitter der gegensprechanlage, spiele verständnis vor, salopp, schnell, ohne rührung – laß dir bloß keine rührung anmerken –, und versuche das flattern meines herzens zu verbergen, auch die eingefallenen wangen. sie sieht dich zum glück nicht! sie bekommt nicht mit, wie ich stehen bleibe – salzsäulenstarr... in rasendem tempo erfolg, mißerfolg, die flut ihrer verwünschungen durchlaufend – und auf die klingelknöpfe stiere, wie ich wutlos mich umwende, das ziehen und drücken in der linken brusthälfte im gehen etwas wegzumassieren versuche, die rippenzwischenräume unter der achsel und dem festen brustmuskel streiche, und geknickt über die bodenplatten mich ins leere trolle.

Liebesgeschichten sind von einer grandiosen Oberflächlichkeit, und dies im ernstesten und besten Sinne. Erzählfäden winden sich um das, was von der Liebe sinnlich erfahrbar ist. Geruch, Geschmack und Bewegung. Frei nach dem Gedanken von der Hautlichkeit der Dinge als ihrer Form, so könnte man sagen, in der sie uns erscheinen und uns allein gegeben sind, entsteht hier das Erleben intensivster Begegnungen aus dem dichten Sprachgewebe. Es sind solche Be-

nur nichts dir anmerken lassen, nicht hochschielen, nicht dich umdrehen, bloß nicht, sage ich mir. ein kackbrauner ups-wagen stoppt vor dem haus. die seitliche schiebetür wird heftig nach hinten gestoßen. auf der zunge registriere ich seifigen geschmack, der an süßholzwurzel und ausgelaugte lindenblüten denken läßt. es ist warme waschbrühe, kernseife... geruch und geschmack aus einem vergangenen jahrhundert.

im *döner-haus ortülü ismail* suche ich zuflucht, bestelle an der theke auberginengemüse, eingelegte tomaten, reis und einen... "fleischkloß vom lamm, herr bussard? ja? sehr würzig." ich versuche mich zu konzentrieren, anzukommen, hier-zu-sein, da... da-sein... dort... haben sie heute wieder'mal die tollen nierchen, herr ortülü? nein? schade. mit meinem teller drücke ich mich am hintersten ecktischchen in die heizungsstäbe neben der toilettentüre.

natürlich kannte ich sie auch anders.

"du weißt, ich schätze deine arbeit", sagte sie in venedig, "wir machen da bestimmt noch'was zusammen. ich muß nur die redaktion überzeugen." die redaktion! immer war es die redaktion, bei allem. ich trete zurück auf die straße, die im

gegnungen, bei denen sich das Innere nach außen kehrt, ohne daß die Figuren mehr darüber wissen oder auch nur wissen wollen, als die vorübergehende Auflösung der Gegensätze zwischen innen und außen, zwischen bewegter und unbeweglicher Welt, zwischen Ich und einem anderen zu spüren. Wenn während eines Geschlechtsakts in einer Art Schuppen sich mit dem Anwachsen des Gliedes auch der Raum in die Weite dehnt, wird das Verschiedene zu einem. Diese Momente

osten in der vorortsiedlung *kirschäcker* am fuße des kräherkopfes sich auflöst und längst ihren alten länderdurchquerenden heereswegcharakter eingebüßt hat. aus der dermatologischen jenseits der chaussee dringen tassen- und besteckgeklapper herüber. und vogelgezwitscher aus den bäumen. dein mißgeschick und leid gehören zu diesem straßenabschnitt wie die weiße, schnörkellose drei-zimmer-wohnung, die sie eingerichtet hatte. seit der stunde, als ich in dem aufgeschlagenen buch jene stahllockenphotographie erblicken mußte, den venedigführer in ihrer hand, ihre geschürzten lippen, spiegelnd vor silberbleichem lächeln, ist es mit meinem frieden geschehen, wie schon so oft, seit jahren, jahrzehnten.

"laut statistik akzeptieren nur zehn prozent der männer einen seitensprung."

tröstlich. und wieviel prozent der frauen?

ich erinnere mich noch an das sonnenlicht, das in der tiefe des fenstergewändes der ehemaligen tankstelle lag, an die in die längsholme des bücherregals geschnitzten panther- und stierköpfe – stierkopfsymbole, wie du sie am ehesten auf lkw-planen, hammerstielen oder liköretiketten erwartet hättest – und seine augen.

sind selbstverständlich nur von kurzer Dauer. Ein anderes illusionäres Etwas, das jenseits der voneinander isolierten Lebenswelten durch die Liebe entstehen könnte, hat der Autor nicht im Blick. Er verrät nichts von den Leben der Figuren vor, hinter, unter und nach den Begegnungen und um so stärker vibriert die Gefährlichkeit des starken Gefälles zwischen Ich und Du. Wenn die Geschlechtsteile dem anderen zum freien Gebrauch überlassen werden, ist das das Glück und das

da waren sie wieder!

mit halboffener gosche muß ich über die lidkante hoch in das fragende gesicht gegafft haben. ich entnehme es seinen mundwinkeln, die mir im gedächtnis bleiben... ... ich harre aus, löse mich im holzständer der kleinen bibliothek – "was ist denn nur los!?" – und in den leicht hervortretenden adern seines handrückens auf, zitternd, bloßgestellt. "kann ich ihnen helfen?" meingott, rufia!

"das war jetzt aber doch ein sehr persönliches abtriften", vermutet mein leidensgenosse. ich suche auf seinen leicht nach innen gekippten schuhkappen halt, tief vertraut mit der den fahrstuhlboden entlanglaufenden außennaht der anzugshose, seine aufgestützten, gutgepflegten flossen dagegen möglichst ausblendend. mein herz klopft. meine fingerspitzen beben.

o.k., man muß auch verlieren können. eingestandene niederlagen haben einen hauch von größe, fand jedenfalls mein alter. er geht darüber hinweg, als wäre großspurigkeit abgemacht gewesen...

aus: *schnelle messer.*, roman / ein memory, axel dielmann-verlag frankfurt 1999

Unglück zugleich. Sehr eindrucksvoll entsteht bei Bullinger aus der Sprachformung heraus die Wirklichkeit dieser Spannbreite des Erlebens. Die Schönheit und die Schauerlichkeit. Im momenthaften Aufeinanderangewiesensein, ohne das wir nicht sein könnten, zeigt sich der andere ganz, er spiegelt sich in seiner eigenen Haut. In der ersten Geschichte erzählt zuerst der Mann von dem Körper der Frau. Schnell aber übernimmt die Frau diesen Part und bleibt bis zum Schluß

**im rücken der stadt.**

"wenedikt, laß mich mit deiner schuhsohlenphilosophie in ruhe", herrscht sie eines tages. doch mich treiben die gefühle. "steinschlagschutzrand", flüstere ich, und: "mikroschaumsohle." dann: "color-soft2-schichtgrundsohle, kennst du die?" fasziniert hänge ich aus dem fenster der umgebauten, alten fertigungshalle: "dort, ein fabrikhaferl." nun denn, wassoll's. tage später: morgensonne, erotik, übelste denunziationen beiseite schiebend... elsterngleich säuselt boris serpuchov: "ein vibram-gelbpunkt-goderl." leuchtende augen, heiße hände.

"pechiii!"

die zurückgeschlagene bettdecke, schilfrascheln. er bewegt sich nicht, allein seine nackten füße scharren vor sich hin. er lauscht: ein stilles raspeln, dann ein widerlegter satz, etwas abgetrotztes, das schnell schal schmeckt, *en passant.* ich spüre es beim überbrühen des kaffeepulvers im kücheneck. er, unbeirrt, unbeeindruckt: "wenedikt, die schrapt doch; oder?"

"verarsch'mich nicht."

eiserne Beobachterin. Unter ihrer nach und nach durchbrechenden, ziemlich derben Regie, die ihr Draufgängertum zeigt, wird der Mann zu einem Ausgelieferten. Keine seiner Bewegungen bleibt ihr verborgen. Die Schattenspiele an der Wand, Spiegel seiner Bewegungen, sind ihr Garant für seine Hörigkeit. In seiner höchsten Lust wird sein blankes Ausgeliefertsein beklemmend. Dem Autor gelingt es, ohne stringent zu erzählen – das gerade nicht –, die Wirklichkeit dieser beiden

"ich hab'dochda... da, am horizont, die welt ganz schlecht erlebt, ganz schlecht." oder: "ich hab'nicht so gebaut." oder:

"ich hab'immer alles richtig gebaut, alles." auch: "gar nichts mehr, gibt's nicht." ins leere stammelnd: "daß es keine welt gibt, ist falsch! ich habe meine sachen richtig gemacht. ich war dabei, habe für den ORF in eisenstadt, boris! boris,sag'schon, tausend skizzen. du weißt es, du kennst mich." und: "tausend skizzen. ich habe meine sache *immer* ganz richtig gemacht." boris serpuchov, der schwarzhaarige, pechsteins lebensgefährte, pechsteins einundalles, und der achtundvierzigjährige ehemalige avantegardefilmer und bildhauer stehen oft am fenster... eigentlich täglich. serpuchovs arm umfaßt meinen fleischigen rücken, streift meine schulter, die den raum zu füllen sucht. die klappen fliegen. die arme reißen. der balg zieht. der wind strömt. die zungen fächeln, arbeiten ohne unterlaß. er trommelt auf die knöpfe, und zuckt, und zerrt, und schiebt das ding, sein instrument, zusammen, auseinander, zusammen. der balg pumpt. die luft drückt. das leder züngelt der stimmzunge entgegen... davon, hinweg. auch lei-

Figuren und ihren Zusammenhang derart plastisch vor den Augen des Lesers zu entfalten, daß er sich ihnen kaum entziehen kann. Er hat keine Scheu, hohe literarische Sprachgebung und niedrigste Alltagssprache ungebrochen ineinanderfließen zu lassen. Es entsteht das Bild einer Welt, deren Eigenart dadurch erfahrbar ist, daß ihre Detailhaftigkeit ausgestellt wird. Dabei unterscheiden sich die Redepassagen von den Beschreibungen nicht graduell. Die Erzählteile verlaufen

ern wieder saxophontöne, ein verführerisches raunzeln, durch die straßenschluchten, steigen von zeit zu zeit, melodisch wabbernd, ungemein fein. wir reden, argwohn, abstand und geschwätz hinter uns lassend, über das glück, über musik, über musik, die dort noch im letzten winkel entsteht, auf beengtestem raum... zwischen bordsteinkante und den neun- oder zehnstöckigen geschäftshäusern, im gleichförmigen raster der dieselgetränkten kanäle, unter wirrem netz tausender und abertausender telephondrähte, im meer der senkrecht in die schmalen himmelsspalten aufsteigenden neonschriftzüge. serpuchov kennt meine ausführungen seit eh und je. er liebt sie. ich küsse boris' dunkle, blaue, ein wenig kratzende wange. ich greife mit den lippen, sinke... eine sekunde! in die mulde am ohr, wische spucke hin. er drückt meine oberarme. "feste oberarme."

"ich habe alles richtig gemacht" stammle ich er zieht seine hände über meine schulterblätter, genießt die weite meines rückens, meine brust auf der seinen. seine finger gleiten über die muskelstränge zurück. ich, der aufgelöste, der frohe, der zerfließende und sich geliebt wissende, zähle gewissenhaft... immerwährend, immerwährend, partie

simultan zur Gegenwärtigkeit des Erlebens. Beispiel: "er drückt meine oberarme. 'feste oberarme.'" Hier ist kein Erzähler mehr am Werk, der zwischen Wesentlichem und Unwesentlichem trennt, der seine Geschichten aus Rückblenden, Nacherzählungen und erwägenden Vorgriffen zusammensetzt, sondern einer, der das eine aus dem anderen hervorgehen läßt, und der es dabei unterläßt, einen Zusammenhang zu stiften - was auf den ersten Blick notwendig zu sein

für partie. astor piazolla, der teufel, spielt ohne ende, ohne anfang. kommt die musik aus den tiefer gelegenen stockwerken, den tonstudios? gibt es hohlräume in der feuerwand? mit einem schlag habe ich das gefühl, mich nicht in dieser stadt, sondern hoch über den dächern der anderen – ... meiner – zu befinden. sie legen ihn dort täglich auf, piazolla, spätnachmittags... auch spätnachmittags! zur entspannung, zur feierabendeinstimmung, zug um zug, luftstrom für luftstrom.

"die abenddämmerung, die straßencanyons der innenstadt, la calle maipu, sarmiento, la esmeralda." grölende schallplattengeschäfte, schmierig-schlüpfrige komplimente, und männerfressen voller geilheit, geilheit auf frauenärsche, grapschende geilheit. pfoten, chinchulines, pollo asado-stände. wechselstuben, banken und apotheken, *en masse*. "la esmeralda, avenida de mayo, und chacabuco, boris!" oder: über die calle florida zur galería de arte witcomb, oder im nächsten block zu wildestein. und:

"auf dem rückweg schauen wir jetzt noch bei jorge rein. der wird dir gefallen. er hat seine eigene art, das leben zu meistern." oder:

scheint. Dagegen entsteht ein Sprachfluß, der zwar nicht leicht vor sich hin plätschert und auch nicht homogen verläuft, der aber durchweg spielerisch verführt und bei dem Leser gefordert ist, sich in ihn hineinzubegeben, um das prozessuale Entstehen einer Geschichte, wenn man diese noch so nennen will, nachvollziehen zu können. Dieserart verfremdende Detailzusammenstellung der erzählten Wirklichkeit gerät bei Bullinger zu einer Topographie der Erinnerung. Auf einzelne

"auf dem rückweg schaust du eine sekunde bei guernica rein. nüchterne, weite photographien von andreas gursky; du kennst sie! freilaufende hühner in goldbraun, nebel im moor, tennisspieler in tokyo. daneben arbeiten von juan martinez und dario villalba." reklamebögen über den eingangshallen der kinopaläste... auf der avenida corrientes, oder zuvor schon in der calle lavalle. "überhaupt, die lavalle, meinelavalle!" zwischen den zähnen hüte ich den kern einer schwarzen olive, der mir von der empanadafleischfüllung geblieben ist.

"ich mochte schon immer den ambassador-filmpalast: vergangenheit, mondäne nächte." die durchschlagzungen sind mit ihren stimmplatten zu ganzen registern auf den stimmstöcken befestigt. die busse brüllen, klappern, blinken. die ampeln flackern. "bei so einer vier- oder sechsspurigen straße fahren die nach wie vor auf blickkontakt."

"du spinnst." "naja, aber in den seitenstraßen schon." von ferne dröhnen über die riesigen mitre-bahnsteighallen der estación retiro dunkel die docksirenen aus den hafenbecken und vom rio de la plata herein. jede stimmplatte hat zwei gegenüberliegende zungen gleicher tonhöhe. die

Körperteile wirft die Sprache Licht, zerhackt sie und macht sie für den Moment bedeutsam, lesbar für den anderen. Mal ist ein Körper durch den Beobachter anziehend geschildert, und er entsinnt sich seiner selbst. Ohne in die Tiefe und in die Abgründe der eigenen Psyche tauchen zu müssen, konzentriert sich der Beobachter auf das, was ihm dort gegeben wird und das er als etwas besonderes dankbar annimmt. Dann plötzlich folgt eine abrupte Bewegung der Hüfte, ein

schiffe gleiten im öligen brackwasser. die wellen donnern an die escollera. aluminiumdosen klöppeln die kaimauern entlang, und im club de pescadores gesellen sich styroporschachteln hinzu. möven trudeln, stürzen über die molen, zänkisch sich verfolgend; einsatz der schnäbel, die starrheit der augen! lautlos sickert der sand in die becken. im wind baumelt ein sockenpaar... "la bocca!du!" früchte und fruchthülsen reiben an holzpfählen, an leinenfetzen, hängen im glanzlosen fell toter katzen, oder zerschellen in den nächten an den steinmauern verlassener anlegestellen. in den frontscheiben der busse schaukeln girlanden, bestückt mit fingernagelgroßen lämpchen. die fahrer fluchen. die fahrer gurken schnatternd durch die straßencañons. im freistil, leichtgewichtig, catch-as-catch-can. "dazwischen ganz lässige in der halbschwergewichtsklasse..."

"bis 90 kilogramm", lacht er, hinter dem steuer gröhlend, waffeln wegstopfend... irgendwohin. ein husten. bonbons ruhen in eingedicktem, weichem seim... "el diablo fogoso!" ein johlen, schwitzen, und ernste minen in vereinzelt auftretenden kurven. lächle und antworte! antworte mit einer einlage!

Schulterblatt sticht aus dem Rücken heraus, insgesamt scheint der Körper des anderen auf einmal hart, knöchern und abweisend. Die Kluft zu ihm ist für einen Moment unüberbrückbar. Er wird fremd. Umgekehrt stellt sich Nähe im Erzählen, die Liebesnähe, nicht durch Lebensbeschreibung einer figurenbedingten Konstellation ein, sondern entsteht aus einem sprachlich motivierten Ineinandergreifen von voneinander ganz getrennt gehenden Gedankenverläufen,

"mann, antworte!" jetzt grinst auch boris serpuchov, mustert seine *weni-katze*.

"lach'einbißchen." worüber? daß durch zwei entsprechende lederventile die luft...? luft, die ich als sehr salzhaltig registriere, registriere... sie strömt in den balg nur durch die eine... "und nur durch die andere raus." ein schwingen.

"bitte?" eben, sie bringt beim einströmen nur die eine zunge zum schwingen. beim ausströmen die andere.

"ach so." ich suche seinen warmen, fleischigen mund und die stadt, die – in uns, um uns – zwischen den hügeln und ufern sich streckt, sich dehnt und hingibt.

aus: *pechstein.*, roman, frankfurt am main 2002

die im Text fetzenartig eingestreut sind. Und hin und wieder werden Erinnerungen, die still gesprochen sind, durch eine schnelle Wendung in der Geschichte zu Inhalten gemeinsamer Erörterung, in die sich dann noch der Erzähler einmischt und sich durch Schreibkommentare und -korrekturen zum Weitererzählen anspornt. Wenn bussard in "schnelle messer." bei sandberg klingelt, aber nicht vorgelassen wird, er sodann in der Umgebung umherirrt, wird ihr wechsel-

**nachspiel.**

"wenn du nach einem schuldigen für deine situation suchst, tipp an deinen eigenen schädel. was mußt du dich freiwillig für die hölle melden." nachdem sie also ausgiebigst über beinprothesen und die reich geschmückten bauwerke der ionier und aioler philosophiert hatten, berichtet hauchler stolz von seinem glück, der entdeckung des nachmittags, dem höhleninhalt. "stell'irvor, phiiphilipp", lallt er.

hamprecht mahnt den fiebertrunkenen zur vorsicht. auf alle fälle sei es sicherer, die hochzeit draußen im busch zu feiern. "am besten hoch droben zwischen den felsen, dort, wo der stein kahl im mondschein..." eben, zum ersten, wegen der krankheitskeime, zum zweiten aber...

"meinstdu?" aus rücksicht auf die landessitten und die gebräuche! hauchler versteht nichts, rein gar nichts. hauchler phantasiert. hamprecht schnitzt verbissener, flüstert aufgelöst von dämonen, fürsten, hausregeln, zivildienstvorschriften, gesellschaftsverträgen, abgesäbelten beinen, armen, zungen, fingern, pobacken, nasenspitzen, ohrläppchen; auch blaurote, gespaltene eicheln müssen wieder

haftes Aussehen jeweils zum Anlaß seiner Erinnerungen an Nähe und Fremdheit gegenüber sandberg.

Im Wechsel von Anziehung und Abstoßung zwischen den Figuren bewegen sich Martin Bullingers im hiesigen Band versammelte Erzählungen und Ausschnitte aus größeren Prosaarbeiten.

herhalten, zehen undsoweiter. "nun, das ganze zeug, das an dir rumhängt." plötzlich horcht er auf, interessiert sich für das örtliche brauchtum, verstohlen zwischen seine beine greifend. die bauern am stammtisch im *roten milan* lachen heute noch über den bericht. "typisch hauchler, hungergebiet hin oder her."

"wenn der reiste, hatten die engel hochkonjunktur." "ausgangssperre!"

"bis auf den letzten mann!"

"dummes gewäsch." "welche äpfel? in'em frauenschoß?"

"boskoop", lächelt der alte lindelberg, verstärkt: "werner, äpfel und frauen sind nichts für dich, weißtdudoch, kapierst du nicht."

"manchmal traf's eben gezielt unsern notar, herrn udo wighard." "'nen hauchenden hauchler", ergänzt der junge nerdinger süffisant. hornung, der greis, der im dunkeln schlafzimmer der wirtin noch lange wach lag und über lioruths erzählungen nachdenken mußte, rafft – kaum daß die sonne durch das fenster bricht – seinen mut zusammen, fragt, sehr ernst, die hand auf der bettdecke, den tages-

Weil Geschichten im Medium der Sprache stattfinden, ist das Erzählen immer eine Form der Erinnerung, auch wenn es über die konkrete einzelne hinausgreift, ihr vorgreift und Geschichten ersinnt.

Das zweite Textstück ist überschrieben mit "dieselbe geschichte.". Ist sie mit derjenigen dieselbe, die ihr vorausliegt, die zuvor erzählt wurde? Oder ist sie einfach mit sich selbst die-

anbruch akzeptierend, die schlaftrunkenheit, den geruch der liebe unter den fingernägeln: "es geht mich nichts an, lio-ruth, aber war es damals der runde klar, daß ingomar derweil hier bei dir im haus leben...?" "was denkst du denn! meinst du, ich hätte es nötig gehabt, udo wighard auch nur eine stunde zu betrügen, hinter seinem rücken rumzumachen? nie lief etwas heimlich ab, nie! das gab es nicht. hier wurde über alles gesprochen, über alles. unsere liebe hielt das aus", postuliert sie, feuerglanz in den augen. und:

"todlangweilige diskussionen über jeden furz, aber nirgendwo die spur einer lüge." sie ergänzt, verträumt, benommen, ihren faltigen kußmund spitzend:

"duduummerchen!"

aus: *afrika.*, roman, frankfurt am main 2004

-selbe Geschichte, weil die Liebe immer dieselbe Geschichte ist? Die Liebe. Bei dieser Literatur ist beides der Fall, denn das Erzählen läßt die Wirklichkeit der Geschichte erst zur Wirklichkeit werden. So erinnert die eine an die andere Geschichte und ist die eine an die andere geknüpft. Nichts, was erzählt wird, ist doppelt erzählt, weil jedes Erzählen immer wieder neu und anders erzählt.

**ISBN 3 933974 06 2**



Die Gestaltung erfolgte durch Urs van der Leyn, Basel, der Druck bei Majuskel Medienproduktion, Gießen und Wetzlar. Für den Inhalt wurde 90 g/qm Werkdruckpapier verwendet, der Umschlag ist auf Büttenkarton der Firma Japico Drissler gedruckt. Die Schulheftbindung wurde, wie bei allen Bändchen der 16er Reihe, von Hand im Verlag besorgt.

Die hiesigen Texte stammen vollständig aus Romanen beziehungsweise Erzählungen von Martin Bullinger. Im axel dielmann — verlag Frankfurt sind die beiden Romane "bussard. / die sandberg. / zwei kurze liebesgeschichten" sowie "schnelle messer. ein memory" erschienen. Solange die anderen, hier exzerpierten Erzählungen noch nicht erschienen sind, sollte man die – immer anregenden – Lesungen von Martin Bullinger intensiv wahrnehmen.